AF269750

SESAME STREET
123
HAZ TU PARTE
con Archibaldo
Un libro sobre la responsabilidad
Katherine Lewis
ediciones Lerner ◆ Mineápolis

La misión de Sesame Street siempre ha sido enseñarles a los niños mucho más que solo el abecedario y los números. Esta serie de libros que promueven rasgos de la personalidad positivos como la conciencia plena, la gratitud, la autoconfianza y la responsabilidad ayudarán a los niños a crecer y convertirse en la mejor versión de ellos mismos. Por eso acompaña a tus amigos divertidos y peludos de Sesame Street mientras aprenden a ser más inteligentes, más fuertes y más amables y le enseñan a serlo a todo el mundo.

Saludos. Los editores de Sesame Street

CONTENIDO

¿Qué es la responsabilidad?

Responsabilidad significa hacer las cosas que se supone que tienes que hacer.

También significa ser útil ayudando.

Ser responsable

Puedes ayudar a los adultos a ordenar los comestibles.

Si tienes mascotas, puedes
ayudar a cuidarlas.

Puedes ayudar a los adultos a sacar
a tu perro a pasear, o puedes darle
a tu gato agua fresca y limpia.

Somos responsables cuando limpiamos lo que ensuciamos. Podemos ordenar los juguetes.

Ordeno mis bloques cuando dejo de jugar.
Podemos volver a poner los libros en el estante cuando termina el momento de los cuentos.
11

También somos responsables cuando nos ocupamos de nosotros mismos.

Es importante
cepillarse los dientes
todos los días.

Puedes ayudar en el jardín
cuidando las plantas.

Yo ayudaré a regar
las plantas en nuestro
huerto comunitario.

Podemos ayudar a mantener el vecindario limpio.

Yo reciclo en
mi vecindario.

Ser útil ayudando puede
hacer sonreír a otra persona.

¿Cómo ayudas
a otras
personas?
Enrique estará
feliz si le hago
un dibujo.
19

Nos sentimos orgullosos cuando somos responsables.

¡SÉ ÚTIL AYUDANDO!

Tú y tus amigos pueden ser responsables. Cuando dejan de jugar con los juguetes, hagan el plan de ordenarlos y ponerlos todos juntos.

Glosario

orgulloso/a: sentirse feliz por algo que hiciste tú u otra persona

reciclar: transformar algo viejo en algo nuevo

responsabilidad: algo que tienes que hacer

responsable: capaz de hacer lo que es correcto o útil

útil ayudando: cuando una persona ayuda a los otros

Otros títulos

Amoroso, Cynthia. *Responsibility.*
Mankato, MN: Child's World, 2022.

Peters, Katie. *I Care for My Community.*
Mineápolis: Lerner Publications, 2023.

Rose, Emily. *Taking Responsibility and Being a Leader.*
Ann Arbor, MI: Cherry Lake, 2022.

Índice

Créditos por las fotografías

Traducción al español: ® and © 2025 Sesame Workshop. Todos los derechos reservados.
Título original: *Do Your Part with Grover: A Book about Responsibility*
Texto: ® and © 2024 Sesame Workshop. Todos los derechos reservados.
La traducción al español fue realizada por Zab Translation.

ediciones Lerner
Una división de Lerner Publishing Group, Inc.
241 First Avenue North
Mineápolis, MN 55401, EE. UU.

Si desea averiguar acerca de niveles de lectura y para obtener más información, favor consultar este título en www.lernerbooks.com.

Fuente del texto del cuerpo principal: Billy Infant. Fuente proporcionada por SparkyType.

Library of Congress Cataloging-in-Publication Data

Names: Lewis, Katherine, 1996-author.
Title: Haz tu parte con Archibaldo : un libro sobre la responsabilidad / Katherine Lewis.
Other titles: Do your part with Grover. Spanish
Description: Mineápolis : Ediciones Lerner, [2025] | Series: Guías de personajes de Sesame Street ® en Español | Includes bibliographical references and index. | Audience: Ages 4–8 | Audience: Grades K–1 | Summary: "Learn to be responsible with Grover and your Sesame Street friends! Young readers will discover how to be a good helper to both themselves and those around them. Now in Spanish!"—Provided by publisher.
Identifiers: LCCN 2023054466 (print) | LCCN 2023054467 (ebook) | ISBN 9798765623893 (library binding) | ISBN 9798765627891 (paperback) | ISBN 9798765630785 (epub)
Subjects: LCSH: Responsibility—Juvenile literature.
Classification: LCC BJ1451 .L38518 2025 (print) | LCC BJ1451 (ebook) | DDC 179/.9—dc23/eng/20240104

LC record available at https://lccn.loc.gov/2023054466
LC ebook record available at https://lccn.loc.gov/2023054467

Fabricado en los Estados Unidos de América
1-1010118-51839-12/5/2023